BEI GRIN MACHT SICH IHR WISSEN BEZAHLT

AF143014

- Wir veröffentlichen Ihre Hausarbeit,
  Bachelor- und Masterarbeit

- Ihr eigenes eBook und Buch -
  weltweit in allen wichtigen Shops

- Verdienen Sie an jedem Verkauf

Jetzt bei www.GRIN.com hochladen und kostenlos publizieren

Bibliografische Information der Deutschen Nationalbibliothek:

Die Deutsche Bibliothek verzeichnet diese Publikation in der Deutschen National-bibliografie; detaillierte bibliografische Daten sind im Internet über http://dnb.d-nb.de/ abrufbar.

Impressum:

Copyright © 2015 GRIN Verlag, Open Publishing GmbH
Druck und Bindung: Books on Demand GmbH, Norderstedt Germany
ISBN: 9783668348707

Dieses Buch bei GRIN:

http://www.grin.com/de/e-book/345185/schwarmintelligenz-und-ameisenalgorith-men

Dominik Bohlmann

Schwarmintelligenz und Ameisenalgorithmen

Anwendungen in der Wirtschaft

GRIN Verlag

GRIN - Your knowledge has value

Der GRIN Verlag publiziert seit 1998 wissenschaftliche Arbeiten von Studenten, Hochschullehrern und anderen Akademikern als eBook und gedrucktes Buch. Die Verlagswebsite www.grin.com ist die ideale Plattform zur Veröffentlichung von Hausarbeiten, Abschlussarbeiten, wissenschaftlichen Aufsätzen, Dissertationen und Fachbüchern.

Besuchen Sie uns im Internet:

http://www.grin.com/

http://www.facebook.com/grincom

http://www.twitter.com/grin_com

Seminararbeit

Zum Thema

Schwarmintelligenz und Ameisenalgorithmen – Anwendungen in der Wirtschaft

Im Rahmen des Proseminars

Bionik

Im Wintersemester 2015/16

vorgelegt von

Dominik Bohlmann

3. Semester Umwelt und BWL

Birkenfeld, den 13.01.2016

1. Definition und Bedeutung von Schwarmintelligenz

1.1. Allgemein

Die wachsende Komplexität im unternehmerischen Umfeld resultiert durch zunehmende staatliche Regulierungen, Innovationsdruck, der Globalisierung der Märkte und die daraus entstehende Notwendigkeit zur Internationalisierung sowie der immer höheren Ansprüchen an das Informationsmanagent. Mit traditionellen Praktiken und klassischen Führungsansätzen sind solch einschneidenden Veränderungen nur schwer beizukommen.[1] Im Verlauf der vorliegenden Arbeit soll die Frage, ob die Nutzung der Erkenntnisse aus der Schwarmintelligenzforschung eine geeignete Methode sein kann, um die immer größere Komplexität in Unternehmenslandschaften in den Griff zu bekommen, beantwortet werden. „Ist das Konzept der kollektiven Intelligenz überhaupt auf uns Menschen übertragbar: Können wir wirklich von Ameisen und Bienen lernen?"[2]

Jedermann sah sicherlich bereits schon einmal riesige Vogelschwärme am Himmel, die akrobatisch anmutende Formationen bilden und gemeinsam gegen Süden ziehen. Bestehend aus Tausenden einzelnen Individuen, sind sie gemeinsam perfekt aufeinander abgestimmt und fähig zu einer präzisen Synchronisation während solcher anmutiger Formationsflüge. Doch woher aber rührt der Impuls, „augenscheinlich als ein Organismus zu agieren und nicht etwa als bloße Aggregation einzelner Individuen?"[3]

---

[1] Morhart, Jenewein, Schimmelpfennig (2013): Schwarmintelligenz, S.146

[2] Morhart, Jenewein, Schimmelpfennig (2013): Schwarmintelligenz, S.146

[3] Morhart, Jenewein, Schimmelpfennig (2013): Schwarmintelligenz, S.150

1.2. Schwarmintelligenz in der Natur

„Der Schwarm aus einer Vielzahl von Individuen zeichnet sich durch ein koordiniertes Agieren ohne zentrale Führung oder Hierarchie aus und kann mittels direkter und indirekter Kommunikation seine Überlebenschancen erhöhen."[4] In der Natur gibt es dank der Evolution, viele Tierarten die im gemeinschaftlichen Verbund zu beeindruckenden komplexen Leistungen   fähig sind, die dem Einzeltier nur begrenzt oder gar nicht möglich sind.[5] Fisch- und Vogelschwärme, Bienen-, Termiten- und Ameisenstaaten „zeigen wie hochkomplexe Organisationen ganz ohne zentrale Planungen und Steuerungen"[6] fungieren. Bei genauerer Betrachtung beruht dieses Verhalten aber zumeist auf wenige und sehr simplen Regeln. Schwarmintelligenz kann als das Verhalten von vielen Individuen, die nach einfachen Regeln handeln beschrieben werden. Peter Miller drückt in seinem Artikel, der in der Frankfurter Allgemeinen Zeitung erschien, die vorausgesetzten Regeln für solch ein erfolgreiches Kollektiv Verhalten innerhalb des Tierreiches etwas simpel aber dennoch treffend aus: „Folge dem Fisch vor dir", „Halte die Geschwindigkeit des Fisches neben dir", „Lege den Sandkorn dort ab, wo die anderen Termiten ihres ablegen", Fliege so schnell, dass die Heuschrecke hinter dir dich nicht ins Bein beißen kann".[7]

---

[4] Remer, Lux (2009): Schwarmintelligenz, S. 68

[5] J.Krause, S.Krause (2011): Darwin meets Business, S.129

[6] Miller (2010): Die Intelligenz des Schwarmes, S.28

[7] Miller (2010): Die Intelligenz des Schwarmes, S.28

Das Model von Couzin et al., das drei Interaktionszonen beinhaltet, beschreibt die Vorraussetzungen zur möglichen Behandlung von kollektiven Verhalten detaillierter.[8]

1. Die Abstoßungszone, die die Tatsache widerspiegelt, dass Individuen im Allgemeinen einen gewissen Abstand zu anderen Individuen halten.

2. Die Orientierungszone, innerhalb derer sich Individuen häufig in die gleiche Richtung wenden.

3. Die Attraktionszone, innerhalb welcher sich Individuen voneinander angezogen fühlen, denn ohne Anziehung kann es keine sozialen Gruppen geben.

Computersimulationen die auf diesen Regel basierten, zeigten, dass sich viele Aspekte des Schwarmverhaltens damit gut nachvollziehen lassen. Im Verlauf der Simulationen wurden Individuen eingeführt, die Informationen über ihre Umwelt besitzen. Dahinter stand die Frage, wie viele Individuen von Nöten sind, um einen Schwarm zu führen. Das Ergebnis besagte, dass bereits etwas fünf Prozent der Mitglieder eines Schwarmes ausreichen würden, um den Schwarm effizient zu führen.[9] Dies entspricht bei einer Größe eines Schwarms von etwa 200 Individuen bloß zehn Mitglieder eines Schwarmes.

Mit dieser erstaunlichen Gabe der Koordinationsfähigkeit wurden zahlreiche Spezies von der Natur ausgestattet. Fischschwärme nutzen beispielsweise diese Fähigkeiten, „um die Wahrscheinlichkeit, dem Räuber als Individuum zu entkommen, zu erhöhen, da dieser nicht den ganzen Schwarm im Auge behalten und verfolgen kann."[10] Ebenso sind Fische im Kollektiv dazu in der Lage Feinde besser wahrnehmen zu können. Wie Vögel, besitzen Fische ein Seitenlinienorgan, dass ihnen bei Positionierung und

---

[8] J.Krause, S.Krause (2011): Darwin meets Business, S.126

[9] Couzin, Krause, James, Ruxton (2002): Journal of Theoretical Biology, S. 1-11

[10] Morhart, Jenewein, Schimmelpfennig (2013): Schwarmintelligenz, S.150

Synchronisation innhalbe eines Schwarmes hilft. Damit sind sie in der Lage kleinste Richtungsänderungen des Nachbars schnell wahrzunehmen.[11]

Dahingegen nutzen Ameisen ihre Fähigkeiten zur Schwarmbildung „um den effizientesten Weg zur Nahrungsquelle zu finden"[12] Diese Fähigkeit macht sie für die Informatik interessant. Dort werden sie für ihren   Methode zur Problemlösung geschätzt. „Informatiker nennen es das Problem des Handlungsreisenden: Ein Vertreter soll Kunden in verschiedene Städten besuchen und sucht die kürzesten Route. Bei drei Städten gibt es sechs Alternativen, das ist übersichtlich, aber bei fünf Städten sind es aber schon 120 mögliche Routen, bei zehn Städten 3,6 Millionen und bei dreißig würden wir schon länger brauchen, um die Alternativen aufzuzählen, als das Universum noch existieren wird."[13] Dagegen haben Ameisen keinerlei Probleme auch zu hunderten Futterplätzen noch die kürzeste Route zu finden.

Auf ihrer Suche nach geeigneten Futterplätzen schwärmen sie massenhaft in alle Richtungen und lassen dabei Pheromenspuren auf ihrem Weg zurück. Die Tiere die den kürzesten Weg zur Futterstelle entdeckt haben, kehren auch als erste zurück.

Die Ameisen, die sich als zweite Gruppe auf den Weg zum Futterstelle machen, nutzen die Strecke der ersten Gruppe und verstärkten damit die entsprechende Pheomen- bzw. Duftspur. Auf deren Weg befinden sich, aufgrund der verstärkten Duftspur, schon bald die meisten Ameisen. Wohingegen auf den weniger begangenen Strecken sich die Pheromonenspuren verflüchtigen.[14] „Ameisen folgen der höchsten Intensität der Duftmarke und wählen den kürzesten vom Kollektiv gefundenen Weg zwischen Bau und Nahrungsquelle."[15]

Wie bei Fischen oder auch bei Ameisen, lässt sich ein Verhalten der kollektiven Intelligenz ebenfalls bei Bienen beobachten. Sie nutzen diese Fähigkeit vorwiegend zum Zweck der Nahrungssuche und Nestsuche. Sie treffen Entscheidungen „nur aufgrund lokaler Informationen und sind nicht von einer Instanz, die Arbeit zuteilt,

---

[11] Morhart, Jenewein, Schimmelpfennig (2013): Schwarmintelligenz, S.150

[12] Morhart, Jenewein, Schimmelpfennig (2013): Schwarmintelligenz, S.150

[13] Miller (2010): Die Intelligenz des Schwarmes, S.28

[14] Miller (2010): Die Intelligenz des Schwarmes, S.28

[15] Morhart, Jenewein, Schimmelpfennig (2013): Schwarmintelligenz, S.150

abhängig."[16] Mit einem speziellen Tanz zeigen Bienen Richtung und Entfernung der Nahrungsquelle an. Bei ihrem Tanz kommt es auf die Richtung und Geschwindigkeit in Abhängigkeit zum Sonnenstand an. Dabei wird durch die Anzahl der Wiederholungen die Entfernung der Nahrungsquelle und mit dem Winkel zur Sonne die Richtung der Nahrungsquelle dargestellt. Bienen, die sehen, wie manche ihrer Artgenossen auf diese Weise zum Nest zurückkehren, bekommen signalisiert das dieser Ort Nahrung bereitstellt. Ebenfalls bei der Suche nach einem neuem Nest vertrauen Bienen auf ihre Fähigkeiten im Schwarm. Sobald ein geeigneter Ort entdeckt wurde und circa 15 Biene angezogen hat, kommen weitere Bienen hinzu und informieren den Rest des Schwarms. Bei der Entscheidungsfindung der Bienen werden zunächst viele Optionen völlig unbeeinflusst von anderen Bienen abgewägt, um dann eine Mehrheit entscheiden zu lassen.[17]

Zusammenfassend lässt sich sagen, dass die Natur sich der Schwarmintelligenz bedient, um als Kollektiv Entscheidungen zu treffen und Resultate herbeizuführen, die dem Individuum alleine nicht möglich gewesen wären. Dabei hat jedes einzelne Individuum die Möglichkeit den kompletten Schwarm zu führen. Viele Jahre glaubte man, dass es je Schwarm nur einen Anführer gibt, der mittels Telepathie seine „Befehle" dem Rest des Schwarms kommuniziert.

Ebenso veranlasste das Merkmal eines Schwarmes, auf Störungen wie ein einziger Organismus reagieren zu können, selbst seriöse Forscher dazu, an eine Art telepathische Fähigkeit innhalb des Schwarms zu glauben, wie Miller berichtet. Telepathischen Fähigkeit innerhalb eines Schwarms konnten allerdings wissenschaftlich nie nachgewiesen werden, so dass dieser Ansatz im Sande verlief.

Heutzutage wird vorwiegend von einem „koordiniertem dezentralem Verhalten" gesprochen. Das bedeutet, dass jedes Individuum die Möglichkeit besitzt, die Handlungen des Kollektivs zu beeinflussen.[18]

---

[16] Pintscher: Schwarmintelligenz

[17] Pintscher: Schwarmintelligenz

[18] Morhart, Jenewein, Schimmelpfennig (2013): Schwarmintelligenz, S.150

1.3. Schwarmintelligenz in der menschlichen Gesellschaft

Die folgende Definition nach Krause et al. soll zum allgemeinen Verständnis beitragen und den Begriff gleichzeitig möglichst gut abgrenzen:

„Zwei oder mehr Individuen erwerben weitgehend unabhängig voneinander Informationen, die durch soziale Interaktion kombiniert und verarbeitet werden, so dass dadurch ein kognitives Problem auf eine Art und Weise gelöst wird, die für einzelne Individuen so nicht umsetzbar wäre. "[19]

Für ein besseres Verständnis der oben genanten Definition betrachte man als Beispiel die Navigation einer Gruppe von Tieren: Jedes einzelne Individuum kommt zu einer Einzeleinschätzung der Bewegungsrichtung, die zum Ziel führt, macht dabei jedoch mit hoher Wahrscheinlichkeit Fehler, z.B. bedingt durch ungenaue Wahrnehmung. Die Menge dieser Einzeleinschätzungen stellt das Schwarmintelligenzpotenzial dar, das durch soziale Interaktion, in diesem Fall die Regeln für die Bewegung im Schwarm, verarbeitet wird. Als Ergebnis bewegt sich der Schwarm in eine Richtung, die eine hohe Genauigkeit besitzt, da sich mit großer Wahrscheinlichkeit die Richtungsfehler der einzelnen Individuen „herausmitteln".[20]

Neben den in den vorangegangen Kapiteln bereits genannten Tierarten, besitzt der Mensch ebenfalls gewisse Ansätze, die einer kollektiven Intelligenz ähneln. Der WDR und die Wissenschaftssendung Quarks & Co führten 2007 ein Großexperiment durch, um herauszufinden, ob der Mensch überhaupt zu einem Schwarmverhalten in der Lage sei und wenn ja, wie viele Personen man bräuchte um diesen Schwarm auch effizient führen zu können. Dazu wurden aus verschiedenen Teilen Deutschlands 200 Freiwillige in einer Halle versammelt. Ohne das andere Teilnehmer etwas davon wussten, hatten Zehn Teilnehmer die Aufgabe, die Gruppe zu einem bestimmten Ziel im Raum zu führen. Die Aufgabe der übrigen Teilnehmern bestand einfach darin, dass sie versuchen sollten bei der Gruppe zu bleiben.

---

[19] Krause, Ruxton (2010): Trends in Ecology & Evolution

[20] J.Krause, S.Krause (2011): Darwin meets Business, S.130

Eine Kommunikation während des Experimentes wurde den Testpersonen untersagt, weil die Forschern testen wollten, ob eine non verbale Interaktion der Teilnehmer ausreichen würde, um eine Gruppe zu führen.

Im Verlauf des Experimentes zeigte es sich, dass die zehn Individuen tatsächlich in der Lage waren, die komplette Gruppe von 200 Freiwilligen zum Ziel zu führen.

Durch diese neuen Erkenntnisse, lassen sich Aussagen ableiten, die genutzt werden könne, um beispielsweise Menschen aus Gebäuden zu evakuieren. So erkannten die Forscher, dass es wichtig sei, „die Führer nicht nur an der Peripherie der Gruppe zu postieren, sondern auch im Zentrum, um die Gruppe möglichst effizient steuern zu können."[21]

Zur Lösung von Problemen ist die Schwarmintelligenz besonders dann geeignet, wenn niemand die richtige Antwort wissen kann, aber jeder einzelne eine ungefähre Vorstellung von der Lösung hat. Zur Umsetzung benötigt es eine Reihe von Bedingungen die vorherrschen müssen. Die einzelnen Fehler die jedes Individuum begeht, müssen durch Ungenauigkeit und nicht durch systematische falsche Vorstellungen entstehen. Das heisst, dass das vorliegende Problem dem gesunden Menschenverstand zugänglich sein muss oder die einzelnen Individuen müssen Vorwissen über das vorliegende Problem besitzen.

Eine weitere Bedingung für ein intelligentes Schwarmverhalten beim Menschen ist, dass die einzelnen Meinungen der Individuen relativ vielfältig und unabhängig von einander sind. Andernfalls besteht die Gefahr, dass alle mit der selben Methode an ein Problem herangehen und damit alle den selben Fehler machen.

Die Bildung einer Schwarmintelligenz innerhalb einer Gruppe von Menschen kann sich also letztlich am besten entfalten, wenn sich Meinungen, Herangehensweisen und Ansätze vermischen. Da allerdings Menschen von Natur aus dazu neigen, sich untereinander abzusprechen und einen Konsens bilden, ist die Schwarmintelligenz beim Menschen nur sehr selten zu beobachten.[22]

Die Menge aller Einzelinformationen werden als Schwarmintelligenzpotenziale" bezeichnet. Diese Potenziale stelle an sich noch keine Schwarmintelligenz dar, können aber die Grundlage für eine spätere Entstehung zu einer kollektiven Intelligenz führen.

---

[21] J.Krause, S.Krause (2011): Darwin meets Business, S.128

[22] Stefan Krause: Wann entscheidet die Masse besser als der Einzelne?(Zugriff: 04.01.2016)

Diese Potenziale bilden den Lösungsansatz für ein kognitives Problem. Die Natur verarbeitet solche Potenziale durch soziale Interaktionen zwischen den einzelnen Individuen.

Durch die Fähigkeiten des Menschen die Mechanismen einer solchen Interaktion zu analysieren und zu begreifen, ist es möglich solche Interaktionen durch beispielsweise mathematischen Berechnungen zu ersetzen, um aus dem vorhandenen Informationspotenzialen einen Nutzen zu ziehen, indem Schwarmintelligenz zur Anwendung kommt.[23]

Aber hier stellt sich die Frage, ob es sich überhaupt einen Nutzen daraus ergeben wird, angesichts der hohen individuellen Intelligenz des Menschen. Man könnte bei der Betrachtung der Schwarmintelligenz in der Natur zu der Schlussfolgerung gelangen, dass Schwarmintelligenz nur dann eine Bereicherung ist, „wenn die einzelnen Individuen eine sehr eingeschränkte Denkleistung besitzen."[24] Allerdings muss die intellektuelle Einzelfähigkeiten in Relation zur Größe des Problems gesetzt werden. Es ist denkbar, dass einzelne Individuen in der Lage dazu sind ein Lösung für ein bestehendes Problem alleine zu lösen, das andere nur als Gruppe mittels Schwarmintelligenz lösen könnten.

Im folgenden soll jeweils ein Beispiel genannt werden, das die unterschiedlichen Charakteren von Problemen im Hinblick auf die Nutzbarkeit von Schwarmintelligenz demonstrieren soll. Dieses Experiment wurde im Rahmen einer Ausstellung über Bionik in Berlin durchgeführt.

1. Man betrachte ein Gefäß voller Murmeln, deren Anzahl man schätzen soll.

2. „Angenommen, jemand wettet darauf, dass eine Münze, die mehrmals geworfen wird, jedes Mal „Kopf" zeigt. Wie oft muss die Münze geworfen werden, damit die Gewinnchancen für diese Wette ungefähr so groß ist wie für sechs Richtige im Lotte?"

---

[23] J.Krause, S.Krause (2011): Darwin meets Business, S.130

[24] J.Krause, S.Krause (2011): Darwin meets Business, S.130

Die erste Aufgabe wurde so konzipiert, dass die Antworten der Teilnehmer ein möglichst großes Potenzial für Schwarmintelligenz enthalten. Die richtige Antwort hier lautete 562.

Bei der zweiten Aufgabe, wurde versucht den Teilnehmern das Scheitern der Schwarmintelligenz zu veranschaulichen. Hier war die richtige Antwort 24.

Beide Frage sind offensichtlich ziemlich unterschiedlich. Während bei der ersten Frage wohl niemand so genau die richtige Antwort geben könnte, lässt sich die Antwort auf die zweite Frage mit Fachwissen ausrechen. Mit Hilfe von Fachwissen könnte man bei Frage Nummer Eins aber ebenfalls ein gutes Ergebnis erreichen, in dem man das Produkt der geschätzten Anzahl der Schichten und der Murmeln pro Schicht bildet. Auf diese Weise kam man bei dem Experiment auf einen Wert, der bloß um 2,3% vom richtigen Wert abwich. Umgekehrt kann auch Frage Nummer Zwei als Schätzaufgabe behandelt werden. „Da die Wahrscheinlichkeit für eine Folge von n-mal Kopf hintereinander den Wert $1/2^n$ besitzt, und da 2^{10} ungefähr 1.000, 2^{20} demnach ungefähr eine Million und 2^{30} ungefähr eine Milliarde ist, lässt sich ableiten, dass n zwischen 20 und 30 liegen muss."[25]

Bei Frage Zwei hat zweifellos ein gewisses Maß an Fachwissen einen größeren Nutzen als bei Frage Eins. Es wurde deshalb auch erwartet, dass in den Schätzwerten zu Frage Zwei ein weit geringeres Schwarmintelligenzpotenzial steckte. Die abgegebenen Schätzwerte bestätigten diese Vermutung sehr deutlich.

Der Mittelwert aller Antworten zu Frage Eins wichen gerade mal um 1,8% vom wahren Wert ab, da sich die Fehler von zu kleinen Werten und zu großen Werten gegenseitig aufhoben. Bei Frage Zwei führte offensichtlich eine systematische Fehleinschätzung des Problems zu einem Mittelwert, der um mehrere tausend Prozent vom richtig Wert abwich.[26]

Wie man an diesem kurzen Beispiel erkennen kann, stellen nicht alle Probleme gute Anwendungsfälle für Schwarmintelligenz dar. Wäre dem so, hätte sich wohl im Verlauf der Evolution kein höher entwickeltes Wesen mit hoher individueller

[25] J.Krause, S.Krause (2011): Darwin meets Business, S.133

[26] J.Krause, S.Krause (2011): Darwin meets Business, S.131-133

Intelligenz entwickelt.[27] Eine Zukunft von rein selbst organisierten Strukturen, die dank Schwarmintelligenz keine „Experten" mehr benötige, erscheint angesichts der Ergebnisse des Experimentes wenig realistisch. Mithilfe der Schwarmintelligenz lassen sich also nur bestimmte Problem erreichen und auch lösen und die erfolgreiche Anwendung von Prinzipien der Schwarmintelligenz erfordert ihrerseits selbst Expertenwissen.[28]

Dennoch spricht für eine weiter Erforschung der Schwarmintelligenz, dass man daraus vieles lernen könne, „was für das Management von Unternehmen und Organisationen sehr nützlich ist und das zukünftige Verhältnis von Mitarbeitern, Mitgliedern usw. zu den jeweiligen Führungsebenen grundlegend verändern wird."[29]

1.4. Schwarmintelligenz in der Wirtschaft

Eine erfolgreiche Handhabung der zunehmende Komplexität von Unternehmen heutzutage, ist wichtig für die zukünftige Entwicklung von Unternehmen. Einige Unternehmen ziehen zur Bewältigung der immer größer werdenden Komplexität, Nutzen aus den Potenzialen der Schwarmintelligenz.

Durch eine gravierende Veränderung ihrer Umwelt, haben Unternehmen heutzutage erkannt, welche Potenziale die Nutzung der Schwarmintelligenz bereitstellen kann. In unserer Zeit werden Zyklen, in denen Kunden neue Produkte und verbesserte Technologie erwarten bzw. Unternehmen versuchen neuen Kaufanreize zu schaffen, immer kürzer.[30] Beispielsweise war die VHS-Kassette noch mehr als 30 Jahre ein Standard, wurde die DVD bereits nach gerade einmal beinahe 10 Jahre von der Blu-ray Disc abgelöst. Ein ebenfalls großer Faktor bei der ansteigende Komplexität von Unternehmen spielt die zunehmende Globalisierung, „im Zuge derer Unternehmen ihre Internationalisierung stetig vorantreiben müssen,".[31] Sie müssen einem

---

[27] J.Krause, S.Krause (2011): Darwin meets Business, S.131

[28] J.Krause, S.Krause (2011): Darwin meets Business, S.133

[29] J.Krause, S.Krause (2011): Darwin meets Business, S.133

[30] Morhart, Jenewein, Schimmelpfennig (2013): Schwarmintelligenz, S.153

[31] Morhart, Jenewein, Schimmelpfennig (2013): Schwarmintelligenz, S.153

internationalem Vergleich bestehen können, da Konsumenten heute die Möglichkeiten besitzen, Angebote weltweit vergleichen zu können.

Mithilfe von elektronischen Medien, hauptsächlich des Internets, ist es möglich geworden „das Wissen, die Einschätzungen und sogar die Kreativität einer sehr großen Zahl von Menschen anzuzapfen und zu verarbeiten."[32] Aus der Nutzung dieser Potenziale, können Unternehmen mit hoher Wahrscheinlichkeit, einen Wettbewerbsvorteil erzielen.

Seit einiger Zeit, haben Unternehmen angefangen diese Potenziale in ihre Innovationsprozesse mit einfließen zu lassen. Das Unternehmen LEGO betreibt beispielsweise Internetplattformen unter der Bezeichnung „User Driven Innovation", auf denen jeder einzelne die Möglichkeit bekommt am Innovationprozess des Unternehmens mitzuwirken. LEGO erschuf damit eine Plattform zur Diskussion, zum Austausch von Erfahrungen und insbesondere einen Ort an dem Benutzer eigenständig Entwicklungen im Design durchführen können. Dabei entwickeln Nutzer auf dieser Art von Plattformen neue Ideen, „welche die Denkrichtung anderer Mitglieder der User Community beeinflussen"[33] und auf diese Weise zu neuen Produkten führen kann. Die Kreativität Vieler wird dadurch in „marktrelevante Bahnen geleitet."[34]

Eine weiteren Anwendung, bei der die Schwarmintelligenz ihren Nutzen breites bewiesen hat, sind sogenannte „Prediction Markets". Sie helfen Unternehmen bzw. Organisationen möglichst präzise und vor allem zutreffende Vorhersagen über unsichere zukünftige Ereignisse zu treffen.[35] Im Vergleich dazu, basieren traditionelle Prognosenmethoden noch auf Daten der Vergangenheit, aus denen man nicht immer hinreichend Informationen gewinne werden kann, „um daraus die strategischen Ausrichtung von Morgen abzuleiten"[36]. Die Grundidee eines Prediction Markets besteht darin, große Anzahl an Individuen über einen bestimmten Zeitraum mit virtuellen Aktien handeln zu lassen, „die in einem konkreten Zusammenhang zur

---

[32] J.Krause, S.Krause (2011): Darwin meets Business, S.130

[33] J.Krause, S.Krause (2011): Darwin meets Business, S.131

[34] J.Krause, S.Krause (2011): Darwin meets Business, S.131

[35] Riekhof, Brinkhoff (2012): Predictive Markets, S. 2-5

[36] Brendel, Zerres (2005): Umsatzprognose

gewünschten Vorhersage stehen (bei einer Wahl zB. Aktien für die einzelnen Parteien)."[37]. Aus den jeweiligen Kursen bei „Marktschluss" können dann Rückschlüsse auf die vorherzusagenden Ereignisse.

Um eine hohe Prognosequalität erreichen zu könne, müssen die an der Prognose teilnehmende Personen nach Surowiecki[38] drei wesentliche Voraussetzungen erfüllen:

1. **Diversität:** die Gruppe muss ein großes Spektrum unterschiedlichen Wissens und unterschiedlicher Fähigkeiten aufweisen. Dabei ist nicht allein relevant, ob die Gruppe nur aus Experten eines Themas besteht, sondern viel mehr, dass jeder einzelne die Problemstellung individuell interpretiert und somit eine hohe Anzahl möglicher Lösungsansätze generiert wird.

2. **Unabhängigkeit:** Mitglieder der Gruppe müssen ausschließlich ihr eigenes Wissen und ihre eigenen Fähigkeiten einbringen und dürfen von anderen Gruppenteilnehmern in ihren kognitiven Entscheidungsprozessen nicht beeinflusst werden, da sonst durch entstehende Informationskaskaden die kollektive Intelligenz abnimmt.

3. **Dezentralisierung:** mit Hilfe eines dezentralen Systems zur Aggregation der Einzelmeinungen (hier bietet gerade das Internet enorme Vereinfachungen) sollen die beiden ersten Voraussetzungen erfüllt werden. Wichtig ist auch, dass zwischen Gruppenmitgliedern keine Kommunikation stattfindet, um Gruppenkonformität und Informationskaskaden zu verhindern.

Prediction Markets sind ein attraktives Instrument, um das dezentral vorhandene Wissen zu kumulieren. Allerdings wird es offensichtlich, dass bestimmte Vorraussetzungen erfüllt sein müssen, um akkurate Ergebnisse erzielen zu können.

Trotz ihres offensichtlichen hohen Potenzials, werden sie dennoch nur selten eingesetzt. Von 2007 bis 2010 sind die Anwendungen von Prediction Markets nur um einen Prozentpunkt auf 8% gewachsen, wie McKinsey 2011 nachwies.[39]

---

[37] J.Krause, S.Krause (2011): Darwin meets Business, S.131

[38] Surowiecki (2007): Die Weisheit der Vielen

[39] vgl. McKinsey & Company (2011): Business and Web 2.0

Um einen realen Nutzen aus all den oben genannten Beispiele zur praktischen Anwendung der Schwarmintelligenz zu ziehen, bedarf es ein Umfeld in dem Raum zur Entfaltung von kollektiver Intelligenz. Mitarbeitern muss die Möglichkeit gegeben werden sich einzubringen, sich auszuprobieren und entwickeln zu können.[40] „Raum, in dem Platz ist für Kreativität, Spontanität, Innovation, Trial and Error und allem voran: Vielfalt.“[41] Um das volle Potenzial seiner Mitarbeiter auszuschöpfen, „bedarf es einer modernen, den veränderten gesellschaftlichen Werten Rechnung tragenden Arbeits- und Führungsweise.“[42]

Traditionelle Top-down-Führungsstrukturen, deren ein starrer und hierarchischer Aufbau zu Grunde liegt, sind dabei nicht zielführend. Um ein geeignetes Umfeld für Schwarmintelligenz zu kreieren, ist ein Wandel vom Vorgesetzten, der mit Anweisungen und Kontrolle sein Unternehmen führt, zum Leader essenziell. Eine moderne Führungskraft sollte den Wandel der Wirtschaftswelt und Gesellschaft begleiten und im Unternehmen integrativ anwendet, ihr Team inspirieren, zur Kreativität anspornen und Initiative der Mitarbeiter aufnehmen und unterstützen. Also Führungskräfte, die mehr in den Hintergrund rücken und die kollektive Intelligenz ihres Mitarbeiter moderieren.[43] Die Natur offenbart uns eine Vorlage, um innovative Konzepte im Unternehmen zu implementieren und ungenutzte Potenziale zu realisieren. Neue Produkte und Dienstleistungen können durch eine effiziente Nutzung der Schwarmintelligenz entwickelt werden sowie unternehmerische Entscheidungen getroffen werden. Die Führungskraft nimmt bei dem Prozess eine entscheidend Rolle ein. An ihr liegt es, die Rahmenbedingungen zu schaffen, in denen Innovation und Kreativität entstehen kann - „ähnlich dem Staatsgefüge von Ameisen, Bienen und Co., in dem die Königin mithilfe harmonisierender, manipulierender chemischer Stoffe steuernd eingreift.“[44]

---

[40] Dyer (2007): Consensus decision making in human crowds, S. 461

[41] Morhart, Jenewein, Schimmelpfennig (2013): Schwarmintelligenz, S.157

[42] Morhart, Jenewein, Schimmelpfennig (2013): Schwarmintelligenz, S.158

[43] Morhart, Jenewein, Schimmelpfennig (2013): Schwarmintelligenz, S.158

[44] Morhart, Jenewein, Schimmelpfennig (2013): Schwarmintelligenz, S.160

1.5. Schwarmintelligenz in der Informationstechnologie und im Internet

Infolge des Ausbau des Internets zu einer interaktiven Kommunikationsplattform, gewinnt die Schwarmintelligenz für Unternehmen immer mehr an Bedeutung.[4] Heylighen bezeichnete das Internet samt Nutzer selbst als Superorganismus:

„Eine Gesellschaft kann als vielzelliger Organismus angesehen werden, mit den Individuen in der Rolle der Zellen. Das Netzwerk der Kommunikationskanäle, die die Individuen verbinden, spielt die Rolle des Nervensystems für diesen Superorganismus. "[46]

Einzelne Nutzer nehmen selbstständig Informationen auf und verarbeiten sie. Obwohl jeder für sich entscheiden kann wir er mit den Informationen umgeht und über sein Verhalten selbst entscheidet, kann die Weisheit der Vielen möglicherweise eine bessere Lösung „hervorbringen als ein zentralistisch und hierarchisch strukturiertes System."[47]. Als ein simples Beispiel können Verkäuferbewertungen auf Plattformen wie Amazon oder Ebay angesehen werden. So bilden die produzierten Bewertungen Verkäuferprofile die künftige Kaufentscheidungen beeinflussen. Es entsteht also ein Bewertungs- und Qualitätssystem, die einen Mehrwert für die Verkaufs-Plattformen schaffen.[48] Ein weiters Beispiel für die erfolgreiche Nutzung der Kollektiven Intelligenz, die erst durch die Entwicklung des Internets ermöglicht wurde, wäre die Online-Enzyklopädie Wikipedia. Tausende Individuen, verteilt über den gesamten Globus, tragen gemeinsam ihr Wissen und Können bei, um als Kollektiv „eine frei zugängliche und kostenlose Enzyklopädie zu unterhalten."[49] Mittlerweile kamen auf diese Weise über Fünf Millionen englischsprachige und knapp Zwei Millionen deutschsprachige Artikel zustande.[50] Das Recherche-Institut „Wissenschaftlicher

---

[45] Sixt (2014): Schwarmökonomie und Crowdfunding, S. 23

[46] Heylighen, Franti (2002): Journal of Social and Evolutionary

[47] Sixt (2014): Schwarmökonomie und Crowdfunding, S. 23

[48] Sixt (2014): Schwarmökonomie und Crowdfunding, S. 23

[49] Morhart, Jenewein, Schimmelpfennig (2013): Schwarmintelligenz, S.151

[50] o.V. (2015): Wikipedia:Größenvergleich (Zugriff: 07.01.2016)

Informationsdienst, Köln" startete 2007 einen Vergleich, um zu ermitteln ob einzelnen Experten oder ein großes Kollektiv an Durchschnittsbürger besser dazu in der Lage sei, qualitativ hochwertige Artikel zu verfassen. Dabei wurden 50 zufällig ausgewählte Wikipedia-Artikel aus den Fachbereichen Wirtschaft, Politik, Wissenschaft, SportKultur, Unterhaltung, Erdkunde, Medizin, Geschichte und Religion mit deren Versionen des Lexikon Brockhaus verglichen. Insgesamt schnitt Wikipedia mit einer Durchschnittsnote von 1,7 ab, während die Brockhaus Versionen bloß auf einen Durchschnittswert von 2,7 kam.[51] „Die vielen freiwilligen Autoren wirken hierbei wie ein Korrektiv, das sich unaufhörlich gegenseitig überprüft, hinterfragt und korrigiert."[52] Eine weitere Internetplattform, die einen Teil ihres Erfolges der kollektiven Intelligenz zu verdanken hat, ist der Suchmaschienengigant Google. Sie bestimmen die Platzierungen von Seiten unter anderem durch eingehende Links auf diesen Seiten, welche Webmaster, Redakteure und Nutzer gesetzt haben. [53]

Als eine noch relativ neue Form der digitalen Arbeitsorganisation, wird das sogenannte Crowdsourcing bezeichnet. Durch eine zunehmende Digitalisierung von Wirtschaft und Gesellschaft entsteht eine neue, flexiblere Ökonomie, die von stetigem Wandel und Eigenverantwortung der Individuen geprägt wird.[54] Hierbei haben Unternehmen Zugriff auf das Wissen, die Kreativität und die Arbeitsbereitschaft einer beinahe unbegrenzten Anzahl von Internetnutzern (Crowd).[55] Crowdsourcing bezeichnet eine Auslagerung von Arbeits- und Kreativitätsprozessen an „extrinsisch oder intrinsisch motivierter Akteure unterschiedlichen Wissenstandes".[56] Unternehmen wie beispielsweise IBM oder Intel, haben bereits die Potentiale erkannt und beziehen diesen neuen Zugang zu Wissen, Ideen und Fähigkeiten bereits in ihre Wertschöpfung fest mit ein. Crowdsourcing bietet eine „grenzenlose Vernetzung von freien Kapazitäten und Ressourcen.

---

[51] o.V. (2007): Vergleichstest: Wikipedia schlägt die Profis (Zugriff: 07.01.2016)

[52] Morhart, Jenewein, Schimmelpfennig (2013): Schwarmintelligenz, S.151

[53] Pintscher: Schwarmintelligenz, S. 6

[54] BITKOM (2014): Crowdsourcing für Unternehmen, S. 7

[55] BITKOM (2014): Crowdsourcing für Unternehmen, S.5

[56] Sixt (2014): Schwarmökonomie und Crowdfunding, S. 24

Elfriede Sixt beschreibt in ihrem Buch die Grundprinzipen des Crowdsourcing:

- moderne Form der Arbeitsteilung;
- technologischer Fortschritt und das Aufkommen des Internets;
- Nutzung der Schwarmintelligenz oder Weisheit der Vielen durch leichte Erreichbarkeit der User.

In dieser Form des Innovationsprozesses nehmen also Kunden nicht mehr länger bloß die Position des Konsumenten ein, sonder sie werden zu direkten Unterstützern des Unternehmens gemacht. Die Anwendungen zur Finanzierung von Projekte oder Unternehmen durch die Masse (Crowd) werden als Crowdfunding bzw. Crowdinvesting bezeichnet.[57]

Die Motivation von den Teilnehmern solcher Crowdsourcing-Projekten stammt aus der Möglichkeit, Produkte nach ihren persönlichen Vorstellungen und Wünschen zu kreieren bzw. die Entwicklung der Produkte mit beeinflussen zu können.[58]

2. Funktionsweise von Ameisenalgorithmen

Auf ihrer Suche nach Futter scheiden Ameisen Pheromone aus. Die nachfolgenden Ameisen wählen voraussichtlich einen Weg der eine höhere Pheromkonzentration aufweist als die Alternativrouten. Würde man in einen Experiment ein Futterquelle mit zwei verschieden langen Routen mit dem Nest verbinden, so würden Ameisen beide Wege etwa gleich häufig einschlagen. Ameisen die die kürzere Route gewählt haben, kehren jedoch in kürzerer Zeit von der Futterquelle zurück, so dass auf der kürzeren Route sich eine höhere Pheromonkonzentration einstellt.

Daraufhin wählen die folgenden Ameisen diesen Weg. Den Impuls zur Entwicklung von Ameisenalgorithmen, gab die Beobachtung von Ameisen während der Bewältigung von komplexen Problemen, zu deren Lösung Ameisen im Kollektiv fähig

---

[57] BITKOM (2014): Crowdsourcing für Unternehmen, S.9

[58] Sixt (2014): Schwarmökonomie und Crowdfunding, S. 25

sind. Das Finden der kürzesten Route ist also das Produkt einer Kostenminimierung, die im folgenden näher betrachtet wird.[59]

Obwohl das Verhalten der Ameisen bereits seit den 40er Jahren erforscht wird, wurden erst im Jahre 1992 die ersten Algorithmen von Marco Dorigo entwickelt. Dabei lösen künstliche Ameisen kombinatorische Optimierungsprobleme, indem sie das natürliche Wegfindungsverhalten von Ameisenpopulationen nachahmen.[60] Ameisenalgorithmen sind eine naturanloge, metaheuristische Optimierung um kombinatorische Optimierungsprobleme nährungsweise zu lösen, wie beispielsweise Projektplanungsprobleme oder Probleme der Logistik. Aufgrund der Funktion, dass sie nach einem natürlichem Vorbild entwickelt wurden und weil das Optimierungsverfahren mit künstlichen Ameisen funktioniert, werden Ameisenalgorithmen auch den Agentenbasierten Modellen zugeordnet."[61] Eine höhere Leistung wird erzielt, indem das Zusammenspiel von vielen einfachen Agenten effizient genutzt wird, die jeweils nur einen kleinen Teil der Gesamtlösung liefern können. Ameisenalgorithmen simulieren das Prinzip der Markierung eines Weges durch Pheromonspuren der auf dem Weg befindlichen Individuen. Sie lassen sich als lokales Suchverfahren beschreiben, die Tuch sogenannte Metaheuristiken unterstützt werden.[62]

Da es sich aber um ein heuristisches Verfahren zur Optimierung handelt, kann nicht immer die optimale Lösung gefunden werden. Insofern ist eine Anwendung nur sinnvoll, „wenn eine optimale Lösung nicht unbedingt gefunden werden muss oder nicht in akzeptabler Rechenzeit gefunden werden kann".[63]

---

[59] Diehl (2013): Entwicklung einer agentenbasierten Simulation, S.13

[60] Hartl (2014): Ameisenalgorithmus (Zugriff: 09.01.2016)

[61] Diehl (2013): Entwicklung einer agentenbasierten Simulation, S.13

[62] Lümkemann (2003): Ant Colony Optimization, S.5

[63] Pintscher: Schwarmintelligenz, S.7

3. Anwendung von Ameisenalgorithmen auf kombinatorische Optimierungsprobleme

3.1. Das Routenproblem

Im folgenden Kapitel möchte ich nun das Problem des Handlungsreisenden, das ich bereits in Kapitel 1.2 angesprochen habe, näher erläutern. Hierbei wird sehr gut die Problematik und Vorteile von Ameisenalgorithmen deutlich.

In mathematischen Bereichen sowie in der Informatik wird die Schwarmintelligenz der Ameisen genutzt, um etwa de kürzeste Strecke zwischen mehren Punkten zu ermitteln. Solange sich Anzahl der Routenpunkten in einem gewissen Rahmen befinden, lässt sich die optimale Fahrtzeit mithilfe eines gewöhnlichen Computers problemlos errechnen. Jedoch steigt die Komplexität, je mehr Koordinaten hinzukommen. Der britische Physiker und Schwarmforscher Leb Fisher veranschaulicht dies anhand eines Beispiels:

Odysseus bereiste auf seiner Heimreise von Troja nach Ithaka 16 Inseln, die er jeweils nur ein Mal besuchte. Die Frage ist nun, welche ist die kürzeste Verbindung zwischen den jeweiligen Inseln. Für eine Antwort, müsste man genau 653.837.184.000 Routen miteinander vergleichen. Selbst für heutige Computer eine Aufgabe, die zu einen Berechnungszeit von mehreren Jahren führen würde.

Um an einen Lösung des Problems zu gelangen, schickten Forscher virtuelle Ameisenkundschafter auf eine Rundreise zu allen 16 Inseln. Wenn ein Kundschafter zum Ausgangsort zurückkehrt, gibt er an, wie groß die Entfernung ist, die er zurückgelegt hat. Jeder Streckenabschnitt wird bewertet: Je kürzer die Reise war, desto höher die Punktzahl im Ranking.

Ähnlich wie in der Natur, nutzen die simulierten Ameisen, die nun folgen, vermehrt die Route mit dem besten Ranking. Kürzere Routen erhalten mehr Punkte als längere Routen. So können Ameisenalgorithmen eine möglichst optimale Route liefern, ohne dass der Computer alle sonst notwendige Rechenoperationen durchführen muss.[64]

---

[64] Stober (2014): Schwarmintelligenz (Zugriff: 09.01.2016)

3.2. Wirtschaftlichkeitsbetrachtung bei der Anwendung von Ameisenalgorithmen in unterschiedlichen Branchen

Bereits seit Beginn der 90er Jahre arbeitet man daran, das Verhalten von Insekten, im Speziellen von Ameisen, auf eine Problemlösungen von komplexen Problemen zu übertragen. Die Verschiedensten Fähigkeiten von Ameisen, lassen sich für diesen Zweck nutzen. Beispielsweise sind Ameisen in ihrer Arbeitsteilung so flexibel, „dass trotz ständiger Veränderungen des Aufwandes und der Priorität der zu erledigenden Aufgaben, die Arbeit nahezu optimal verteilt wird.".[65]

Eine weitere Fähigkeit der Ameisen, die in wirtschaftlichen Bereichen genutzt werden kann, ist ihr Sortierverhalten, bei der Positionierung ihrer Larven oder bei der Bestattung ihrer Verstorbenen. Ebenfalls ist der Nestbau der Ameisen interessant, „da manche Ameisenkolonien komplexe und geometrisch präzise Bauten errichten können, obwohl die einzelnen Ameisen keinen fertigen „Bauplan" für diese Bauten in sich tragen.".[66] Der jedoch wichtigste Teil ihres Verhalten, im Bezug auf deren Anwendung in der Wirtschaft, ist jenes bei dem die Ameisen Futter suchen. Wie bereits in den vorangegangen Kapitel beschrieben wurde, schaffen es Ameisen in kürzerer Zeit den besten Weg in Anbetracht auf Länge von ihrem Nest zur Futterstelle zu finden. Viele Unternehmen haben bereits erkannt, dass es Vorteile bedeuten könnte, wenn sie mithilfe von Algorithmen, die ihre Inspiration der Natur verdanken, benutzen. Ameisenalgorithmen kommen auf ganz unterschiedliche Weise und ebenso unterschiedlichen Orten zur Anwendung. Die Stärken dieses Algorithmus liegen sicherlich in der Anwendung zur Optimierung von logistischen Lagerprozessen.

Das Unternehmen Unilever setzt zum Beispiel auf Ameisenalgorithmen, um ihre Lagerlogistik von Verpackungen und Vorratsbehältern zu optimieren, aber ebenso optimieren Luftfahrtgesellschaften ihre Flugrouten mithilfe dieses Algorithmus. Die aber wohl meiste Beachtung bekommen Ameisenalgorithmen von Seiten der Kurierdienste. Dort können mithilfe dieser Algorithmen Routen der Lieferanten so optimiert werden, dass Kosteneinsparnisse in enormer Höhe entstehen.[67] Neben den

---

[65] Graf (2003): Auswahl und Implementierung eines Ameisenalgorithmus, S. 16

[66] Graf (2003): Auswahl und Implementierung eines Ameisenalgorithmus, S. 16

[67] Pyl, Rudolph (2008): Ameisenalgorithmus (Zugriff: 11.01.2016)

vielen wirtschaftlichen Vorteile, die durch die praktischen Anwendungen von Ameisenalgorithem entstehen, bieten sie ebenso eine Reihe von indirekten Nutzungsmöglichkeiten. So wurden im Jahr 2000 die Sequenzierung der menschlichen DNS erst durch die Optimierung bzw. Anwendung von Ameisenalgorithmen ermöglicht.[68]

4. Kritische Betrachtung und Grenzen der Anwendung von Schwarmintelligenz und Ameisenalgorithmen in der Wirtschaft

Zusammenfassend lässt sich sagen, dass die Schwarmintelligenz für Wirtschaft und Informatik ein sehr vielversprechender Ansatz ist. Durch sie können mit relativ einfachen Mitteln hoch komplexe Probleme gelöst werden. Doch muss verstanden worden sein, das sich die Schwarmintelligenz beim Menschen nicht in der selben Form zeigt, wie in der Natur. Anders wie der Begriff Intelligenz üblicherweise bewertet wird, nämlich Zusammenhänge zu verstehen, neues Wissen zu erlernen und dies auf Probleme zu übertragen, muss Intelligenz hier als die Fähigkeit beschrieben werden, ein Gruppengedächtnis aufbauen zu können und innerhalb einer Gruppe zu einer Lösung zu kommen, in der jeder Teilnehmer bloß einen kleinen Teil dazu beiträgt.[69] Dennoch bestehen weiterhin Zweifel, ob das Konzept zur kollektiven Intelligenz bisher im richtigen Kontext diskutiert wurde. Das Beispiel des Gefäßes mit Murmel aus Punkt 1.3 kann als ein Beweis zur Kollektiven Intelligenz beim Menschen beschrieben werden, aber ebenso kann der Erfolg dem Gesetzt der großen Zahlen gutgeschrieben werden. Dieses besagt, „dass sich der Mittelwert einer großen Zahl von Schätzungen dem tatsächlichen Wert annähert, obwohl einzelne Schätzer weit danebenliegen. Je höher die Zahl an Meinungen, desto höher also die Güte und Aussagekraft der kumulierten Einschätzungen.".[70] Aus diesem Betrachtungswinkel

---

[68] Pyl, Rudolph (2008): Ameisenalgorithmus (Zugriff: 11.01.2016)

[69] Pintscher: Schwarmintelligenz, S.10

[70] Schimmelpfenning, Jenewein (2014): Etikettenschwindel (Zugriff: 11.01.2016)

würden sich die Effekte der Schwarmintelligenz beim Menschen der stochastischen Gesetzmäßigkeiten ableiten lassen. Ein weiterer Punkt, der Zweifel aufkommen lässt, ob der Begriff Schwarmintelligenz heutzutage im richtigen Kontext benutzt wird, ist die Begründung, dass Schwarmintelligenz gesellschaftliche Umbrüche, wie etwa der Arabische Frühling, unterstütze.[71] Darüber hinaus verglich Jargon Lamier, Friedenspreisträger des Deutschen Buchhandels, Internetseiten wie Wikipedia „mit roten und braunen totalitären Ideologien. Der Online-Kollektivismus sei die Wiederauferstehung der Idee, dass das Kollektiv über eine allwissende Weisheit verfügt."[72] Seiner Meinung nach sei die Strategie „etwas über die reine Zahlenakrobatik hinaus zu verbessern, zum Scheitern verurteilt. Die Fähigkeit zur Schöpfung von wahrer Kreativität traue er bloß „dem Individuum als Autor, als Schöpfer zu."[73]

---

[71] Bischof (2014): Schwarmintelligenz (Zugriff: 11.01.2016)

[72] Falke (2014): Wikipedia-Kritiker geehrt (Zugriff: 11.01.2016)

[73] Mejias (2014): Der Technologe als Künstler und Humanist (Zugriff: 11.01.2016)

Quellenverzeichnis

Brendel, M. ; Zerres, M. (2005): Umsatzprognose, Hamburg

Couzin, I.D.; Krause, J.; James, R.; Ruxton, G.D.; Franks, N.R. (2002): Collective memory and spatial sorting in animal groups in: Journal of Theoretical Biology, S. 1-11

Couzin, I.D.; Krause, J.; Franks, N.R.; Levin, S. (2005): Effective leadership and decision-making in animal groups on the move in: Nature 433, S. 513-516

Dyer, John; Ioannou, Christos; Morrel, Lesley; Croft, Darren (2006): Consensus decision making in human crowds, ScienceDirect

Endreß, Tobias (2015): Schwarminvestments: „Wisdom of Crowds" oder „Madness of the Mass"?, in: Seidel, M.; Liebetrau, A. (Hrsg): Banking & Innovation 2015, Springer Verlag

Heylighen, Franti. (2002): The Global Superorganism: an evolutionary-cybernetic, in: Journal of Social and Evolutionary, 3/2007

Howe, J. (2008): *Crowdsourcing: How the power of the crowd is driving the future of business, Crown Business*

Jenewein, Wolfgang; Morhart, Felicitas; Schimmelpfennig, Christian (2013): Schwarmintelligenz, in: Perspectives - Management Journal, 4/2013, S. 149-161

Kornhuber, Johannes (2014): Diversitätsintelligenz, in: Der Prüfingenieur, 5/2014, S.1-8

Krause, J./Ruxton, G./Krause, S. (2010): Swarm intelligence in animals and humans in: Trends in Ecology & Evolution. S. 28-34

Krause, Jens; Krause, Stefan (2011): Kollektives Verhalten und Schwarmintelligenz, in: Otto, Klaus-Stephan; Speck, Thomas (Hrsg): Darwin meets Business, Gabler Verlag

Maaß-Emden, Jan-Philip (2012): Die wandlungsaffine Unternehmung, Gabler Verlag

McKinsey & Company (Hrsg.) (2011): Business and Web 2.0: An interactive feature, URL: http://www.mckinseyquarterly.com/Business_and_Web_20_An_interactive_feature_24 31? pagenum=1#interactive, Zugriff am 15.08.2011.

Mejias, Jordan (2014): Der Technologe als Künstler und Humanist, unter: http://www.faz.net/ aktuell/feuilleton/buecher/themen/jaron-lanier-erhaelt-den-friedenspreis-12973615-p3.html (Zugriff: 11.01.2016)

Miller, Peter (2010): Die Intelligenz des Schwarms, Frankfurter Allgemeine Zeitung, S.28

o.V. (2015): Wikipedia: Größenvergleich, unter: https://de.wikipedia.org/wiki/ Wikipedia:Größenvergleich (Zugriff: 11.01.2016)

o.V. (2007): Vergleichstest: Wikipedia schlägt die Profis, unter: http://www.spiegel.de/netzwelt/web/ vergleichstest-wikipedia-schlaegt-die-profis-a-521457.html (Zugriff: 07.01.2016)

Pintscher, Lydia: Schwarmintelligenz, Universität Karlsruhe

Pyl, Theodor Paul; Rudolph, Konrad (2008): Ameisenalgorithmus zur Lösung komplexer Optimierungsprobleme, unter: http://www.activevb.de/tutorials/tut_antalgo/tut_antalgo.html (Zugriff: 11.01.2016)

Remer, Andreas; Lux, Sophia (2009): Schwarmintelligenz - überlehen durch Beweglichkeit, in: OrganisationsEntwicklung, Ausg. *4/09,* S. 68-72

Riekhof, Hans-Christian; Riekhof, Marie-Catherine; Brinkhoff, Stefan (2012): Predictive Markets: Ein vielversprechender Weg zur Verbesserung der Prognosequalität im Unternehmen ?, in: Research Papers, 7/2012

Runkler, Thomas A.; Grothmann, Ralp; Bamberger, Joachim (2010): Optimierung industrieller Logistikprozesse mit Verfahren der Schwarmintelligenz und rekurrenten neuronalen Netzen, in: Künstliche Intelligenz (2010), Springer Verlag, S. 149-152

Schimmelpfennig, Christian; Jenewein, Wolfgang (2014): Der Etikettenschwindel mit der Schwarmintelligenz, unter: http://www.harvardbusinessmanager.de/blogs/warum-schwarmintelligenz-falsch-verstanden-wird-a-985858.html (Zugriff: 11.01.2016)

Sixt, Elfriede (2014): Schwarmökonomie und Crowdfunding, Springer Verlag

Stober, Alexander (2014): Schwarmintelligenz: Wie Armeisen den kürzesten Weg finden, unter: http://www.planet-wissen.de/natur/insekten_und_spinnentiere/ameisen/pwieschwarmintelligenzwieameisendenkuerzestenwegfinden100.html (Zugriff: 11.01.2016)

Surowiecki, J. (2007): Die Weisheit der Vielen, Bertelsman